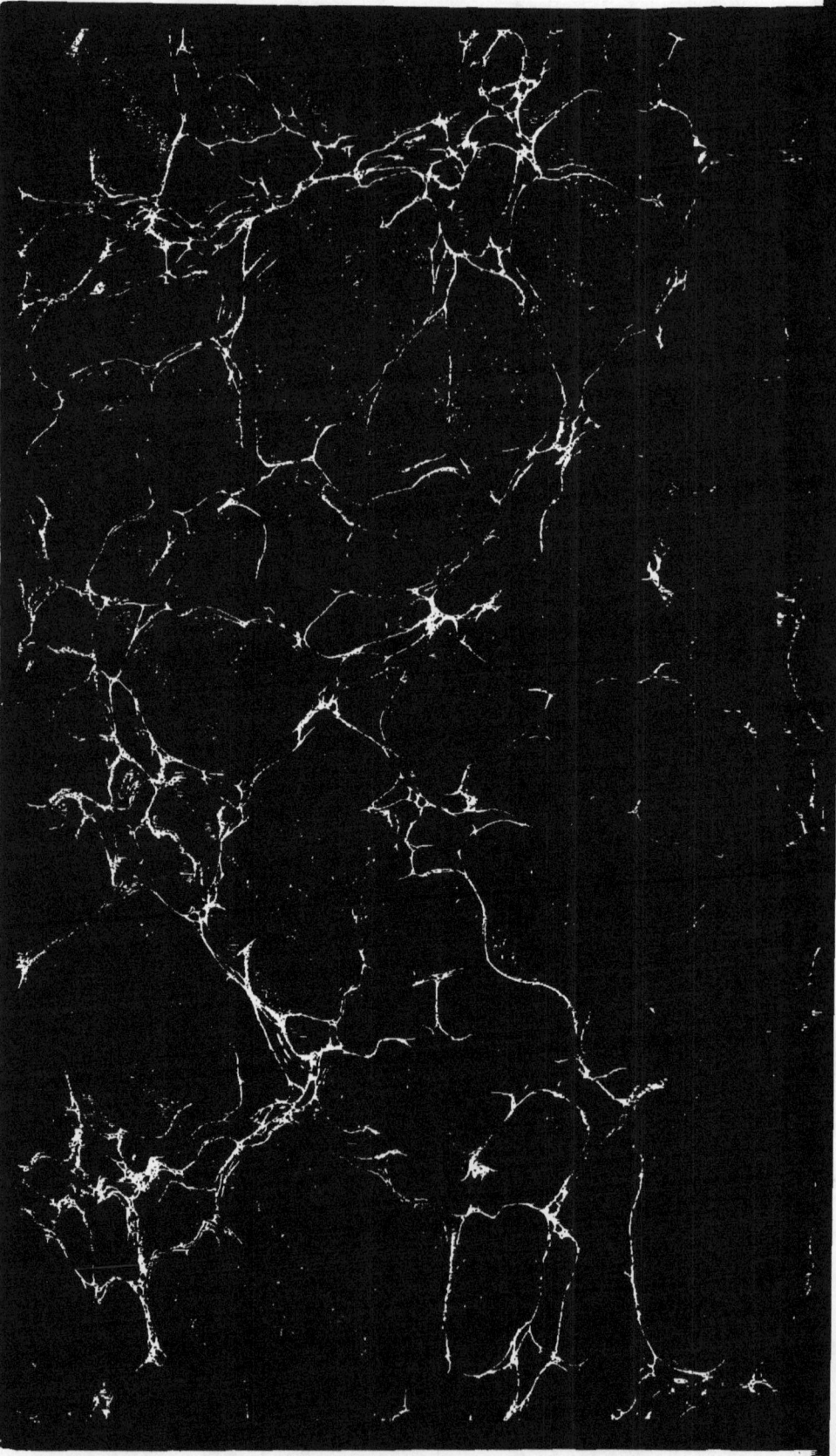

L.K⁷ 2198
   A

COMPIÈGNE

ET

PIERREFONDS.

COMPIEGNE.

Hôtel de Ville

NOTICE

HISTORIQUE

SUR

COMPIÈGNE

ET

PIERREFONDS.

Deuxième Édition

ENTIÈREMENT REVUE, ET AUGMENTÉE.

COMPIÈGNE,

DUBOIS, LIBRAIRE, PLACE DE L'HÔTEL-DE-VILLE, 18.

PARIS, { SCHWARTZ et GAGNOT, libraires, quai des Augustins, 9.
{ DOLIN, libraire, quai des Augustins, 47.

1843.

Situé à peu de distance du confluent de l'Oise et de l'Aisne, sur une pente douce, près de la rive gauche de l'Oise, entouré au sud-est de la belle forêt qui porte son nom, Compiègne, aujourd'hui l'une des plus importantes sous-préfectures de l'Oise, en est aussi une des plus agréablement situées.

Sa distance de Paris est de 7 myriamètres 4 kilomètres. Sa population est d'environ 9,000 âmes.

Primitivement assez mal bâti, Compiègne s'est beaucoup embelli depuis quelques années, et compte maintenant un grand nombre d'habitations élégantes et de magasins somptueux. Ses rues irrégulières, comme celles de toutes les cités anciennes, tendent chaque jour à acquérir cette rectitude qui est la première condition de nos villes modernes.

Ses monuments, son château royal et sa vaste forêt lui attirent toujours de nombreux visiteurs, jaloux d'explorer ces lieux dont l'histoire se lie si intimement à nos annales nationales.

Autrefois son commerce était plus étendu qu'il ne l'est aujourd'hui : c'était un entrepôt d'épiceries, d'étoffes de tout genre, de toiles et de céréales. Compiègne possédait aussi des manufactures de toiles et de linons appelés musquines, qui tombèrent en 1735. On y construisit en 1804 une partie des chaloupes canonnières destinées à l'expédition de Boulogne. C'est aujourd'hui un chantier de construction pour les bateaux de l'Oise et de la Seine, et un lieu de dépôt pour les houilles de la Flandre.

D'anciens auteurs font remonter l'origine de Compiègne à l'époque de la domination romaine dans la Gaule Belgique ; et, pour donner à leur opinion quelque probabilité, ils invoquent en leur faveur le nom de *Compendium*, que cette cité portait alors. Le savant historien du Valois, Carlier, prieur d'Andresy, rapporte, au livre 1er, chapitre 15 de son histoire, que vers le quatrième siècle de l'ère chrétienne, l'empereur romain Maximien Hercules fit transporter de la Germanie dans la Gaule Belgique une colonie de Lètes, peuple agriculteur et guerrier. En s'appuyant sur ce passage, ne serait-ce pas se rapprocher de la vérité historique, que de placer la fondation de Compiègne vers cette époque? et avec d'autant plus de raison, que les Lètes, agriculteurs et guerriers, choisissaient de préférence, pour établir leurs métairies, des lieux situés entre une rivière et une forêt. Agriculteurs, ils trouvaient dans le voisinage d'une rivière des pâturages pour leurs bestiaux, et des ressources pour les besoins de la vie; guerriers, et, comme les peuples du Nord, adonnés à la chasse, ils aimaient le séjour des forêts, qui leur fournissaient du gibier, des fruits sauvages et des glandées pour leurs bestiaux. L'emplacement de Compiègne semble militer en faveur de cette opinion.

Quelle que soit d'ailleurs l'antiquité de Compiègne, il ne commence à être connu dans l'histoire qu'à la fin du règne de Clovis, époque à laquelle il était déjà considéré comme ville royale. (*Grégoire de Tours.*)

Presque tous nos souverains ont fait de cette ville leur séjour de prédilection : attirés par les plaisirs de la chasse, ils venaient s'y délasser des soucis et des embarras de la royauté; plusieurs d'entre eux ont voulu y être enterrés; aussi, toutes les chartes de nos rois sont remplies de témoignages de bienveillance et d'affection pour elle, et les monuments qu'elle renferme sont dus à leur munificence.

Avant de dire quelques mots sur chacun de ses monuments et sa vaste forêt, rappelons ici les principaux souvenirs historiques qui se rattachent à Compiègne.

En 562, Clotaire I, chassant dans la forêt de Compiègne, appelée alors forêt de Cuise, est atteint de la maladie dont il meurt peu de jours après à Choisy, près Compiègne. On l'enterra à Saint-Médard de Soissons.

Clotaire II conclut à Compiègne, en 611, un traité de paix avec Théodebert, roi d'Austrasie ; et Dagobert I, fondateur de l'abbaye de Saint-Denis, y établit en 636 un hôtel des monnaies ; il en donne la direction à saint Éloi qui était orfèvre en cette ville, avant d'exercer son art à Noyon, dont il fut dans la suite évêque.

C'est en 756, pendant la tenue d'un concile, que l'empereur d'Orient, Constantin Copronyme, envoie à Pépin-le-Bref, entre autres présents, un jeu d'orgues que ce prince fait placer dans la chapelle de son palais, et non, comme le prétend

Villaret, dans l'église de Saint-Corneille, qui ne fut construite qu'en 876.

Charlemagne fonde un palais sur l'emplacement où s'éleva plus tard l'abbaye de Saint-Corneille, et y assemble plusieurs parlements.

Louis-le-Débonnaire reçoit à Compiègne, en 816, l'ambassade d'Abdérame, fils d'Abdala, roi des Maures d'Espagne.

En 823, il s'y tient un concile sur le mauvais usage des choses saintes.

En 833, Lothaire y convoque un nouveau concile d'évêques, présidé par Ebbon, évêque de Reims, et dans lequel on force à abdiquer Louis-le-Débonnaire, père de Lothaire, qui fut enfermé au monastère de Saint-Médard de Soissons.

Dans un concile tenu à Compiègne en 871, le célèbre Hincmar, archevêque de Reims, excommunie les partisans de Carloman, révoltés contre Charles-le-Chauve.

Ce prince, qui aimait beaucoup le séjour de Compiègne, le fait rebâtir en 876, l'agrandit et l'embellit; il y fonde aussi l'abbaye de Saint-Corneille, que presque tous les rois ont décorée avec magnificence, et gratifiée de nombreux priviléges. L'année suivante, le pape Jean VIII vient à Compiègne, et y fait la dédicace du nouveau monastère.

Louis-le-Bègue y est couronné en 877, et enterré en 879. Compiègne, assiégé par les Normands, est brûlé en 900.

Reconstruit par Charles-le-Simple, ce prince y reçoit, quelque temps après, l'hommage du fameux Rollon, chef des Normands.

Louis V meurt à Compiègne en 987; il est enterré dans l'abbaye de Saint-Corneille.

Robert, fils de Huges Capet, fait sacrer et couronner à Compiègne son fils Hugues, en 1007. Ce dernier fut inhumé à Saint-Corneille en 1025.

Compiègne est une des premières cités qui aient joui du privilége de l'affranchissement des communes, concédé par **Louis VI**.

Baudouin, comte de Flandre, vient en 1186 y rendre hommage à Philippe-Auguste ; ce dernier y tient, en 1193, un parlement où il fait casser son mariage avec Ingelburge, sœur du roi de Danemark, et y épouse, au mois de juin 1196, la fille du roi de Bohême et d'Autriche.

C'est à dater de 1199 que Compiègne commence à être entouré de fortifications, dont on aperçoit encore aujourd'hui quelques restes.

En 1209, Philippe-Auguste arme chevalier Louis, son fils, en présence d'une cour brillante qu'il avait réunie à Compiègne. Plein de reconnaissance pour la bravoure déployée par les habitants de cette ville qui l'avaient suivi aux plaines de Bouvines, Philippe-Auguste, vainqueur de l'empereur Othon IV et de Ferrand, comte de Flandre, accorde aux Compiégnois, en 1214, de nombreux priviléges qu'il confirme en 1218, en y ajoutant des armes avec cette devise : *Regi et regno fidelissima*.

En 1260, saint Louis, qui affectionnait Compiègne, jette les fondations du palais actuel, destiné à remplacer celui du Beau-Regard qu'il convertit en un couvent de Dominicains.

Le même prince restaure et agrandit le prieuré de Saint-Nicolas-du-Pont qu'il destine en partie aux malades indigents de la ville.

En 1282, Philippe-le-Hardi accorde à cette ville le privilége de tenir cour de champions, privilége qui n'appartenait qu'aux villes célèbres.

Guy de Flandre et plusieurs seigneurs flamands, battus de toutes parts par Philippe-le-Bel, sont enfermés par ses ordres au Louvre de Compiègne en 1297.

En 1364, lors de la captivité du roi Jean, Charles V, devenu régent du royaume, se retire à Compiègne, et s'y défend contre le roi de Navarre, Charles-le-Mauvais.

Charles VI fait construire l'Hôtel-de-Ville vers la fin du xiv⁃ siècle.

En 1413, les Bourguignons, profitant des démêlés sanglants occasionnés par la démence de l'infortuné Charles VI, s'emparent de Compiègne, dont ils nomment Claude Launoy gouverneur; ils en sont bientôt chassés par les Armagnacs, ayant à leur tête le roi Charles VI lui-même.

En 1417, le dauphin Jean, fils de Charles VI, se rend à Compiègne pour négocier avec sa mère; il y mourut bientôt après, et fut enterré dans l'abbaye royale de Saint-Corneille.

En 1423, cette ville, en proie à une famine qui décimait sa population, et assiégée par Henri VI, roi d'Angleterre, est obligée de capituler; mais impatients de secouer le joug de l'étranger et de rentrer sous l'obéissance du roi, les habitants profitent d'une occasion favorable, chassent la garnison ennemie, et ouvrent leurs portes au roi Charles VII, qui y fait son entrée solennelle au mois d'août 1429.

En avril 1430, l'héroïque Jeanne d'Arc, qui n'aspirait, après tant de services rendus à la cause royale, qu'à jouir d'un repos qu'elle avait bien mérité, consent encore à défendre Compiègne, menacé de nouveau d'être assiégé par les Anglais et les Bourguignons. Elle se jette donc dans la ville où elle ne tarde pas à être bloquée par le général anglais Hundington. Le siége durait depuis un mois, lorsque Jeanne d'Arc, voyant ses munitions et ses vivres presque épuisés, se décide à faire une sortie en attendant les secours qui lui étaient promis. Le 24 mai 1430, accompagnée du brave Lahire et de 500 hommes aguerris, elle tombe à l'improviste sur les Bourguignons qui campaient à Margny, et les met en fuite. Mais les Anglais qui étaient à Venette accourent aussitôt, et forcent les royalistes à se retirer vers la ville. Soit prudence, soit plutôt trahison, le gouverneur

Guillaume de Flavy, à la vue des ennemis, fait précipitamment tomber la herse, et Jeanne, qui, pour protéger la retraite des siens, était restée la dernière, assaillie par un grand nombre de guerriers, jaloux d'une si glorieuse capture, parvient néanmoins, après des prodiges de valeur, à gagner la campagne du côté de la plaine de Picardie. Cependant elle est prise vers les six heures du soir, non loin du boulevard, dans la plaine de Margny, séparée de Compiègne par l'Oise. Lyonnel, bâtard de Vendôme, la livre à Jean de Luxembourg, qui, suivant les coutumes établies, l'abandonne à Henri VI, roi d'Angleterre, pour la somme de dix mille livres. Autant les Anglais témoignèrent de joie à la nouvelle de la prise de Jeanne d'Arc, autant Charles VII, qui lui devait sa couronne, montra d'ingratitude en l'abandonnant lâchement à ses ennemis, qui la brûlèrent vive à Rouen, comme sorcière, le 31 mai 1431.

Au mois de janvier 1539, François Ier reçoit à Compiègne une ambassade de Charles-Quint, qui lui faisait demander passage pour aller dans les Pays-Bas.

En 1563, Charles IX y crée un tribunal de commerce.

En 1589, les habitants de Compiègne, sous la conduite d'Humières, leur gouverneur, délivrent Senlis, assiégé par les ligueurs, leur prennent des drapeaux qui furent déposés à Saint-Corneille, et des canons que l'on voit encore aujourd'hui à l'Hôtel-de-Ville.

C'est pendant cette même année 1589, que le corps de Henri III, assassiné à Saint-Cloud, est apporté à Compiègne, et déposé dans l'abbaye de Saint-Corneille. Ce n'est qu'en 1610 qu'il fut transféré à Saint-Denis.

En 1590, Henri IV fait son entrée à Compiègne, et pendant son séjour, y donne un édit qui conserve l'hôtel des monnaies. Ce prince fait dans cette ville un grand nombre de voyages, pendant les années 1591 et 1592 ; il y ratifie, en 1599, le traité de Vervins, qui assure le repos de la France.

Le cardinal de Richelieu conclut à Compiègne, en 1624, un traité de paix avec les Hollandais.

Sept ans plus tard, Louis XIII envoie au château de cette ville Marie de Médicis, sa mère, qui s'en échappe pour aller mourir dans l'indigence à Cologne.

En 1698, Louis XIV ordonne, pour l'instruction militaire du duc de Bourgogne, son petit-fils, la formation d'un camp de 60,000 hommes, à Compiègne. Il lui en confie le commandement sous la direction du maréchal de Boufflers, qui établit son quartier général à Coudun : aussi cette réunion militaire prit-elle le nom de *Camp de Coudun*.

Le roi s'y rendit avec ses autres petits-fils, les ducs d'Anjou et de Berry, la duchessse de Bourgogne, les autres princesses et une cour brillante et nombreuse. Il y fit exécuter plusieurs manœuvres, entre autres l'investissement de Compiègne.

Ce camp fut pour tous les seigneurs de la cour,

et pour le maréchal de Boufflers particulièrement, l'occasion de déployer un luxe et une somptuosité sans exemple. Ce n'était que fêtes et festins, et les opérations militaires n'occupaient véritablement que les intervalles des plaisirs. Il occasionna une dépense de seize millions (1).

En 1728, Louis XV fait son entrée solennelle à Compiègne, et deux ans après, il pose la première pierre du Pont-Neuf qui ne fut terminé qu'en 1733.

Pendant les années 1739, 1764, 1769, ce prince ordonne plusieurs camps ; le plus remarquable, celui de 1769, est établi près de Verberie, et composé de 21,830 hommes, partagés en trois divisions, sous les ordres du baron Vurmser, lieutenant-général des armées du Roi, du comte Rochambeau et de Puysegur, maréchaux de France.

---

(1) Satisfait de l'ensemble et de la précision des manœuvres, Louis XIV fit distribuer, à titre de gratification, 300 livres à chacun des officiers d'infanterie, et 600 livres à chacun des officiers de cavalerie.

Les trois divisions s'étendent sur une seule ligne de 6 kilomètres.

Louis XV fait commencer au château les immenses travaux dont nous parlerons en traitant ce monument (1755).

Le 17 mai 1770, Louis XVI, encore Dauphin, reçoit au château de Compiègne l'archiduchesse Marie-Antoinette d'Autriche, son épouse.

Le 18 juin 1808, après son abdication, Charles IV, roi d'Espagne, la reine et les infants, accompagnés de Manoël Godoï, prince de la Paix, sont envoyés par Napoléon au château de Compiègne où ils ne restent que quelques mois.

Napoléon, qui avait profité de ses voyages à Compiègne pour embellir et meubler le château, y créer le parc, et percer dans la forêt cette majestueuse allée des Beaux-Monts qui termine si dignement la perspective. Napoléon, disons-nous, y revint le 27 mars 1810 avec Murat, roi de Naples, pour recevoir l'archiduchesse Marie-

Louise. Plein d'impatience, il alla à sa rencontre jusqu'à Courcelles, village au-delà de Soissons, et revint à Compiègne avec elle pour célébrer les cérémonies de réception. Le mois de mars 1813 amène au château Jérôme Bonaparte, roi de Westphalie, qui y reste jusqu'en 1814.

A cette dernière époque (1814), les armées coalisées, qui occupaient Soissons et Noyon, viennent attaquer la ville; mais la garnison, composée de deux bataillons d'infanterie légère, sous les ordres du brave Othenin, repousse l'ennemi, les 15, 29 et 31 mars, et lui fait éprouver, le 1er avril, une perte de 1,200 hommes. L'armée prussienne, forte de 12,000, bat en retraite.

La capitulation de Paris oblige bientôt Compiègne à ouvrir ses portes aux alliés.

Le 29 avril 1814, Louis XVIII, de retour en France, s'arrête au château, et y reçoit la visite de l'empereur Alexandre et de Bernadotte, roi de Suède.

Charles X, comme chacun sait, fit aussi de

fréquents voyages à Compiègne, qu'il affectionnait particulièrement à cause de la belle forêt qui fut si souvent témoin de ses chasses brillantes.

Le 9 août 1832, se célèbre dans la chapelle du palais de Compiègne le mariage de la princesse Louise d'Orléans, fille aînée de Sa Majesté Louis-Philippe, avec Léopold, roi des Belges.

Compiègne offre par sa position, son château royal et ses alentours, des avantages réels pour la formation des camps d'instruction : aussi, avons-nous vu cinq réunions militaires de ce genre, de 1833 à 1842.

La première, qui a lieu en 1833, sous les ordres du duc d'Orléans, accompagné du duc de Nemours, est composée de 5,000 hommes. Le camp est assis dans la plaine de Royal-Lieu, entre la forêt et la route de Paris. Disposées parallèlement entre elles, et coupées par différentes rues, les tentes occupent le milieu du terrain; au centre des bataillons se trouvent les drapeaux. La cavalerie est cantonnée dans les villages voisins, et un pont de bateaux jeté sur l'Oise sert de passage aux troupes pour se rendre au champ de manœuvres, pour lequel on a adopté le plateau de Margny.

Jaloux de faire participer d'autres régiments à une instruction qui leur est si profitable, les ducs d'Orléans et de Nemours réunissent à Compiègne, en 1834, un camp composé de 12,000 hommes. Il a pour emplacement le plateau même de Margny. De larges places, des rues tirées au cordeau et d'une merveilleuse propreté, rappellent, par leurs noms, nos victoires en Grèce et en Afrique, ou l'affection des troupes pour la famille royale et les généraux qui les commandent. Une bibliothèque y offre aux amis de l'étude des ressources contre l'oisiveté qui suit les exercices.

Le camp de 1836 est un des plus brillants de ceux qui eurent lieu à Compiègne : placées sous le commandement de S. A. R. Monseigneur le duc d'Orléans, les troupes de toutes armes sont réunies le 25 août. La difficulté que l'on éprouvait à se procurer de l'eau sur le plateau de Margny, fait abandonner cette position. On divise les troupes en deux camps, dont l'un, appelé *Camp d'Orléans*, s'étend dans la plaine de Choisy, entre la rivière et la route de Soissons; et l'autre, qui reçoit le nom de *Camp de Nemours*, est assis dans la plaine de Royal-Lieu.

L'ensemble de ce camp, formant un chiffre de près de 25,000 hommes, demeure soit sous la tente, soit chez l'habitant, et dans les cantonnements, pendant 53 jours. Favorisées du plus beau temps, les manœuvres attirèrent à Compiègne une foule de curieux, parmi lesquels on remarqua beaucoup d'étrangers de haute distinction.

Deux nouveaux camps sont formés à Compiègne en 1837 et 1841. Composés, le premier, de 18,000 hommes, et le second de 20,000. Ils occupent les mêmes emplacements que celui de 1836, et se rendent également au terrain de manœuvres, sur le plateau de Margny, par deux ponts de bateaux, jetés sur l'Oise en face de chacun d'eux.

Semblables à leurs aînés, ces deux camps furent

très brillants; et, sans entrer dans une description trop minutieuse, nous devons dire que ces villes militaires, présentent, surtout au retour des manœuvres, le coup-d'œil le plus animé et le plus pittoresque. Des piles de tambours, des faisceaux d'armes, des tertres et des pyramides gazonnées, surmontés des drapeaux des bataillons, ornent les fronts de bandière. Chaque compagnie apporte ensuite son tribut à l'embellissement des rues et des demeures particulières. C'est à qui décorera le mieux sa tente : ici des jardinets fleuris, gracieusement dessinés; là, Vincennes et ses tours découpé dans la craie; plus loin des châteaux forts, des colonnes, des fontaines : partout des inscriptions patriotiques.

C'est pendant la durée du camp de 1841, que le roi vint distribuer des drapeaux aux régiments de nouvelle formation ; cette cérémonie avait attiré une affluence prodigieuse de spectateurs.

Nous terminerons en faisant remarquer que, si les camps de Louis XIV et de Louis XV n'étaient pour les courtisans qu'une occasion de rivaliser de luxe, il n'en est pas de même de nos camps modernes, qui offrent réellement aux princes et à l'armée une excellente école d'application militaire et de stratégie.

Voici les noms de quelques hommes célèbres nés à Compiègne :

Pierre d'Ailly, né en 1350, devint successivement docteur en Sorbonne, chancelier de l'Université, confesseur de Charles VI, évêque de Cambrai, cardinal, et président du concile de Constance. Il mourut à Avignon en 1420.

Dhangest, docteur en Sorbonne, célèbre par ses traités de controverse, mort en 1538.

En 1602, Jacques de Billy, recteur de Châlons et de Langres, auteur de plusieurs bons ouvrages de mathématiques.

Jean Leféron, avocat au parlement de Paris, vivait au XVIe siècle, sous Henri II, François II, Charles IX : il est auteur du Catalogue des connétables de France, et d'un Traité sur le blason. Il mourut en 1570.

En 1654, Pierre Constant, Bénédictin de Saint-Maur, éditeur distingué des Pères de l'église, auteur des Décrétales des papes. Mort à Paris en 1721.

Marc-Antoine Hersant, docteur en Sorbonne, professeur de rhétorique au collége du Plessis, et d'éloquence au collége royal, qui se retire à Compiègne, et y devient, au mois d'octobre 1724, le second fondateur de l'école des enfants pauvres, établie sur la paroisse Saint-Antoine, par M. Letellier-Louvois. Il mourut en 1724.

Enfin Mercier, auteur de plusieurs ouvrages estimés.

Monuments.

On chercherait vainement aujourd'hui les nombreux monuments et édifices religieux qui existaient autrefois à Compiègne. Le temps, et les événements politiques accomplis depuis un demi-siècle, en ont fait disparaître la plus grande partie. Sur l'emplacement de ces riches abbayes, de ces églises et de ces monastères, s'élèvent de nos jours des casernes, des magasins et des établissements publics, réclamés par les besoins de l'époque. Quoi qu'il en soit, visitons les monuments qui nous ont été conservés, et donnons un souvenir à quelques-uns de ceux qui ont été détruits, et qui se lièrent intimement jadis à l'histoire de notre ville.

L'ordre que nous avons adopté pour les monuments permet au touriste de les visiter successivement sur sa route; nous l'engageons à suivre notre itinéraire, qui lui évitera de revenir dans des quartiers déjà parcourus.

Saint-Germain.

Ce faubourg est le premier lieu de Compiègne qui ait été habité. Sous Louis-le-Gros, il s'appelait Neuville. L'ancienne église, construite par Childebert, ayant été dévastée pendant le siége de 1430 ; on éleva sur le même terrain celle qui existe actuellement, et qui forme la paroisse *extrà-muros* de Compiègne. On y remarque les sculptures du banc-de-l'œuvre, ainsi que les colonnes torses qui soutiennent la tribune de l'orgue ; de plus, cette église est presque entièrement dallée de pierres funéraires, dont les figures et les épitaphes annoncent quelque antiquité.

Notre-Dame-de-Bon-Secours.

Fondée en 1637, près du couvent des Capucins, en mémoire de la délivrance de Compiègne alors assiégé par les Espagnols, cette chapelle fut restaurée, en 1653, par Anne d'Autriche. Les habitants de la ville, après une épidémie meurtrière, y instituèrent une procession annuelle, remplacée de nos jours par la neuvaine qui a lieu chaque année, au mois de mars, et qui attire de nombreux fidèles.

Hospice des Indigents.

Cet hospice fut fondé en 1663 par Louis XIV, sur l'emplacement de l'ancienne Table-Dieu, bureau de charité établi en 1250 pour les pauvres de la ville.

L'extérieur n'offre rien de remarquable; mais sa chapelle, ses bâtiments et ses vastes dortoirs méritent de fixer l'attention des étrangers. Cet hospice est desservi par les sœurs de l'ordre de saint Vincent-de-Paule; il est destiné à recevoir les vieillards infirmes des deux sexes, ainsi que les enfants abandonnés.

Anciennes Fortifications et Portes.

Dès 1199, Compiègne était défendu par des fortifications et des fossés, détruits en partie par les guerres de la Ligue. La pensée peut facilement en reconstruire l'enceinte, en supposant une ligne qui, partant du Pont-Neuf, longerait la muraille des jardins du Beau-Regard; puis, formant un angle droit, la porte de Paris, la porte La Reine, les anciens jardins de l'Arquebuse, près la porte Pierrefonds, le boulevart des Grandes-Écuries; traverserait obliquement la place d'Armes, et, suivant la terrasse de la porte Chapelle et les fossés du Cours, irait aboutir à la porte d'Ardoise et de là au point de départ.

La terrasse du château, du côté du Nord, est

un des restes les plus imposants des anciennes fortifications.

Compiègne comptait aussi autrefois sept portes : celles de Notre-Dame, d'Ardoise, Corbye, Chapelle, Pierrefonds, de Paris, et du Pont.

Deux autres portes, appelées porte de Soissons et porte de La Reine, ne furent percées que sous Louis XV. Voici quelques particularités qui se rattachent à quelques-unes d'entre elles. La porte Paris fermait la ville de ce côté. Deux couronnes sculptées, représentant celles de France et de Pologne, et surmontées d'une troisième avec cette inscription : *Manet ultima cœlo* (la dernière l'attend au ciel), rappelaient le dernier des Valois, roi de Pologne avant d'être roi de France.

Du côté de la ville, on voyait une grande statue de la vierge, avec ces mots : *Maria, mater gratiæ, ora pro nobis* (Marie, mère de grâce, priez pour nous), et deux écussons représentant les armes du roi et celles de la ville de Compiègne.

Près de la porte de Pierrefonds, se trouvait la chapelle de Notre-Dame-de-Bonne-Nouvelle, monument de la joie inconvenante que Louis XI manifesta à la nouvelle de la mort de Charles-le-Téméraire (1477).

La lourde et compacte porte Chapelle est la seule qui ait résisté aux ravages du temps, ainsi qu'aux divers siéges que Compiègne eut à soutenir. Sa construction est due à Philibert Delorme vers le milieu du XVIe siècle.

Cette voûte supporte une serre surmontée elle-même d'un bassin qui, après avoir reçu les eaux de la pompe à feu, établie sur les bords de l'Oise, alimente le palais et les jardins.

Eglise Saint-Antoine.

Son origine remonte au XIIe siècle, époque à laquelle le palais des rois de France s'élevait sur le bord de l'Oise, au lieu appelé Beau-Regard, près de la tour dont les ruines subsistent encore.

Cette église ne prit le nom de paroisse royale qu'après le long séjour de saint Louis au palais du Beau-Regard, où les Dominicains établissent par suite un couvent de leur ordre.

Vers la même époque, les Cordeliers bâtissaient leur église derrière celle de Saint-Antoine. Près de leur cloître, l'année 1350 voit naître un homme qui devait illustrer sa ville, sa patrie et son siècle : c'était le cardinal Pierre d'Ailly, l'aigle des docteurs de la France. La tradition rapporte qu'il commença sa carrière par remplir à Saint-Antoine les modestes fonctions d'enfant de chœur. Devenu évêque de Cambrai, le grand homme se plaît à enrichir de ses dons les lieux où il a puisé ses premières convictions religieuses. Il fait rebâtir le chœur auquel il donne une hardiesse admirable, et couronne le chevet d'arceaux élégants, et d'une balustrade de pierre que l'on regarde comme un chef-d'œuvre de coquetterie architecturale.

Au XVIIe siècle, Nicolas Perrint, aumônier de Louis XIV, et curé de Saint-Antoine, profite de ses hautes relations pour ajouter à cet édifice de nouveaux embellissements.

Il obtient les reliques du patron dont l'église porte le nom.

Dans le siècle suivant, M. Duquesnoy fait effacer les traces de mauvais goût qui nuisaient à la beauté de l'ensemble.

1793 y laisse de nombreux vestiges de dévastation ; mais ils disparaissent successivement, et maintenant l'œil peut suivre sans obstacle, dans leur élancement, ces frêles piliers, ces colonnettes qui montent vers le ciel, ces arêtes, ces nervures qui se croisent et s'agencent avec tant d'art et de souplesse. La destruction des vitraux, peints en 1540, fait regretter ce demi-jour mystérieux si favorable au recueillement. La voûte du chœur est à 21 mètres au-dessus du sol; la longueur du vaisseau est de 58 mètres. On remarque aujourd'hui dans cette église une grille gothique d'un bel effet, qui orne l'entrée du chœur depuis 1836; la chaire à prêcher, posée en 1837;

deux pastorales de Boucher, ainsi qu'une Fuite en Égypte, par M. Mattez. Dans le bas côté, à gauche de la tribune de l'orgue, se trouve un baptistère d'un seul morceau de pierre de touche, et qui appartenait jadis à la paroisse du Crucifix, l'une des chapelles de l'ancienne église Saint-Corneille. C'est une des plus anciennes curiosités de Compiègne.

Abbaye de Saint-Corneille.

Il ne reste plus aujourd'hui de cette immense abbaye, jadis si florissante, que des cloîtres et quelques bâtiments occupés par l'administration militaire. Cependant trop de souvenirs s'y rattachent pour que nous n'en disions pas quelques mots.

Fondée en 876 par Charles-le-Chauve, et inaugurée l'année suivante par le pape Jean VIII, l'abbaye royale de Saint-Corneille, que tous les rois comblèrent à l'envi de nombreux priviléges, était à la fois la plus ancienne comme la plus riche de toutes les communautés religieuses de

Compiègne. Elle jouissait à certaines époques, en vertu d'une charte de Philippe Ier, du droit de justice sur toute la ville.

Son église, surmontée de deux flèches inégales, était remplie d'ornements d'une rare magnificence. Louis-le-Bègue, Louis V, Hugues, fils de Robert, Jean, dauphin de France, fils de Charles VI, y furent enterrés, et le corps de Henri III, assassiné à Saint-Cloud en 1589, y fut déposé jusqu'en 1610. Les abbés les plus illustres de ce monastère furent :

Hincmar, archevêque de Reims, qui le gouverna le premier; Philippe de Châtillon (1383); Richard II, cardinal de Constance.

Louis de Bourbon, comte de Vendôme, qui fit commencer en 1516 un magnifique portail, et qui restaura l'église vers la même époque.

Jacques Amyot, évêque d'Auxerre, et précepteur de Charles IX ;

Et enfin Simon Legros, qui en fut le dernier abbé.

A l'époque de la révolution, Saint-Corneille fut pillé et dévasté ; les cendres des rois furent dispersées, et l'église détruite : dans sa nef, on a percé la rue actuelle de Saint-Corneille.

Tour des Jacobins.

Cette tour, de laquelle relevaient les principaux fiefs de la province, et dont on aperçoit aujourd'hui les ruines sur les bords de l'Oise, faisait partie du palais de Charles-le-Chauve, que saint Louis donna presque en totalité aux Dominicains (1260).

Hôtel-Dieu.

Le prieuré de Saint-Nicolas et son église existaient, avant 1150, sur une partie de terrain occupée antérieurement par le palais de Charles-le-Chauve. En 1260, saint Louis, frappé de l'état de délabrement des bâtiments, les fait restaurer, agrandir, et les consacre à recevoir les malades indigents. Gilisson, annaliste de Compiègne, rapporte que ce pieux monarque y transporta sur ses épaules le premier malade. Il sert aujourd'hui d'hôpital civil et militaire. On distingue dans l'église les sculptures en bois du chœur.

Pont-Neuf.

En 1730, le vieux pont bâti par saint Louis, et sur l'emplacement duquel se trouve maintenant l'abattoir, étant devenu impraticable, le nouveau pont fut commencé par les ordres de Louis XV, à 200 mètres de l'ancien, et vis-à-vis la porte Notre-Dame.

Au mois de mai 1732, ce prince vint placer, sous une des piles, une boîte de cèdre revêtue de plomb, renfermant six médailles : une d'or, deux d'argent, et trois de bronze. Sur ces médailles on voyait, d'un côté, la tête du roi couronnée de lauriers; de l'autre, le pont avec cette légende : *Compendium ornatum et locupletatum* (Compiègne orné et enrichi). On lisait sur l'exergue : *Ponte novo Isaræ imposito* (d'un nouveau pont jeté sur l'Oise).

Ce pont fut terminé l'année suivante ; il se compose de trois arches elliptiques, dont la principale a 23 mètres d'ouverture ; sa longueur est de 113 mètres, et sa largeur de 12 mètres. Au-dessus de l'arche du milieu, et en regard de Clairoix, se trouve sculpté un écusson aux armes de France ; du même côté, et sur le milieu du parapet, s'élevait jadis un obélisque de 10 mètres environ, surmonté d'un globe en cuivre et d'une croix ; sur le piédestal étaient gravées les inscriptions suivantes : du côté du pont, *Ludovico* **XV***, quod viâ publicâ, hinc Lutetiam, illinc Noviodunum, correctâ, stratâ et munitâ, Compendium novo ponte lapideo decoravit, anno* 1730. (A Louis XV, qui, après avoir redressé, nivelé et pavé la route de Paris à Noyon, a embelli Compiègne d'un nouveau pont de pierre, année 1730); et du côté de la rivière, *Iter tutum viatoribus, et nautis facile commercium* (Route sûre aux voyageurs, et commerce facile à la marine).

Salle de Spectacle.

La Salle de spectacle, qui peut contenir environ 800 personnes, fut construite en 1729, sur les dessins de M. Ledreux, et réédifiée, en 1825, dans le goût moderne. La simplicité de sa façade ne répond pas tout-à-fait à l'élégance coquette de son intérieur, nouvellement restauré.

Le voisinage du Cours procure au spectateur l'agrément de jouir, pendant les entr'actes, d'une promenade délicieuse sur les bords de l'Oise, et d'échanger contre un air frais et pur, l'étouffante atmosphère de la salle.

Il est à regretter que le chiffre de la population de la ville, en temps ordinaire, n'y permette, chaque année, aux artistes dramatiques, qu'un séjour de quelques mois.

Hôtel-de-Ville.

Ce monument date du XIVe siècle et du

règne de Charles VI; ses ornements semblent appartenir au commencement de la renaissance.

La façade de cet édifice supporte une terrasse entourée d'une balustrade de pierre, ayant aux deux angles deux tourelles exagones, terminées en flèche. Du milieu du comble s'élève majestueusement une grande et belle tour octogone, flanquée de quatre tourelles rondes, et terminée par une flèche très élevée. Au centre des quatre tourelles, des Jacquemarts traduisent les divisions du temps en sonneries multipliées.

Avant 1789, un enfoncement, pratiqué dans l'épaisseur du mur de la façade, offrait en relief une statue équestre de Louis XIII, restaurateur de l'Hôtel-de-Ville, et bienfaiteur de Compiègne. On y voit maintenant les armes de la ville, avec cette devise : *Regi et regno fidelissima.* La bibliothèque se compose d'environ 6,000 volumes.

Entre le café de la Cloche et l'hôtel de la Bouteille, se trouve une porte en pierre, surmontée autrefois des armes de France; quatre canons en forme de colonnes, des affûts et des roues la décorent. C'était l'entrée de l'arsenal; elle conduit aujourd'hui à la maison d'arrêt.

Musée Vivenel.

En mai 1839, M. Vivenel, entrepreneur général de la restauration de l'Hôtel-de-Ville de Paris, et possesseur d'une magnifique collection d'objets d'art amassés à grands frais et avec une persévérance inouïe, manifesta à l'administration municipale le désir de fonder, dans sa ville natale, un musée national en faveur duquel il se proposait de se dessaisir d'une partie de ses richesses archéologiques. Donnant suite à sa première pensée, M. Vivenel envoya donc, vers la fin de 1840 et dans les premiers jours de janvier 1841, une immense quantité d'objets rares et anciens destinés à former le noyau d'un musée national, dont le titre de fondateur fut, par ses concitoyens reconnaissants, décerné à à M. Vivenel.

Inauguré par LL. AA. RR. Monseigneur le duc

et madame la duchesse de Nemours, en 1841, ce musée, comprenant plusieurs tableaux anciens de diverses écoles, des meubles sculptés, des armures, des statues, des émaux, des médailles, etc., fut dès lors ouvert au public.

Fiers de posséder une collection si précieuse, plusieurs de nos concitoyens ont voulu l'augmenter encore en y ajoutant le tribut de leurs dons particuliers : espérons que leur exemple aura de nombreux imitateurs.

On peut visiter ce musée à l'Hôtel-de-Ville, les jeudis et dimanches, de midi à deux heures. Toutefois les étrangers en obtiennent facilement l'entrée les autres jours, en s'adressant aux bureaux de la Mairie.

Eglise Saint-Jacques.

La fondation de l'église Saint-Jacques, paroisse royale de la ville, remonte à 1199. En effet, les parties principales de cet édifice portent le cachet de la première moitié du XIII° siècle, et appartiennent au style ogival primitif. Ces parties sont : le chœur, les transeps en totalité, enfin les trois nefs moins leurs voûtes. Les piliers qui supportent les arcades ont cet aspect robuste, cette variété de chapiteaux qui rappellent encore le plein-ceintre; les ogives sont à gros cordons, et les fenêtres du chœur ne sont point partagées par ces compartiments que l'on commence à rencontrer dans la seconde moitié du XIII° siècle. Les contre-forts du chœur, massifs et sans ornements, indiquent aussi cette transition. L'église, lors de sa première construction, devait rappeler les anciennes basiliques. Les bas-côtés du chœur datent de la fin du XV° siècle : on y distingue même quelques pilastres portant les traces de la renaissance. Ces bas-côtés, écrasés derrière le maître-autel, et irréguliers dans plusieurs de leurs parties, portent l'empreinte d'un goût indécis et abâtardi, et contrastent avec les proportions nobles et pures de la partie primitive du monument; les compartiments des fenêtres sont contournés à l'excès; les piliers sans chapiteaux sont formés d'un faisceau de baguettes qui s'écartent ensuite pour former les nervures de la voûte. La construction de cette partie de l'église est d'ailleurs vicieuse, et n'a que peu de solidité; à l'extérieur elle offre quelques niches variées et quelques dessins remarquables. Les voûtes de la nef, quoique ressemblant par leur effet total à celles du chœur et des transeps, doivent cependant appartenir au xve siècle, et, ce qui le prouve, ce sont les nervures évidées qui remplacent dans cette partie les nervures arrondies des deux autres. Les fenêtres aussi n'y présentent plus les mêmes caractères de force et d'ancienneté, et les balustrades peu élégantes qui entourent les combles de la nef, achèvent de confirmer dans cette opinion.

Les ornements du chœur et le maître-autel, d'un beau marbre rouge, sont dus à M. Boulanger, curé de Saint-Jacques en 1765. On a placé, il y a quelques années, deux statues en pierre d'un bel effet, quoique d'un dessin incorrect (saint Pierre et saint Paul). Une balustrade dorée couronne la partie supérieure du chœur, qui, pavé et revêtu de marbres diversement nuancés, est fermé par une grille dorée.

Les deux chapelles latérales, également revêtues de marbre, possèdent chacune un tableau de Brenet. Le premier représente l'Assomption; le second, saint Pierre et saint Paul.

Parmi les tableaux, on remarque quelques copies des grands maîtres : une belle copie des disciples d'Emmaüs, de Paul Véronèse; un *ex-voto* peint à l'occasion d'une maladie de Louis XIV, de l'école de Mignard; une copie du Christ au tombeau, du Titien, par Philippe de Champagne; Jésus-Christ chez Simon le Pharisien, tableau italien qui ne manque ni de style ni de chaleur; Jésus-Christ, la Vierge et saint Jean, tableau à fond d'or, attribué par M. Vitet à l'ancienne école allemande; saint Louis rendant la justice sous un chêne, petit tableau de Brenet. Nous signalerons encore à l'attention du visiteur, la chaire autour de laquelle sont sculptés les quatre Évangélistes, et un bénitier de sculpture romane, près du portail.

La tour de l'église, pesante de construction, quoique d'un assez bel effet, appartient au xve siècle. Les ornements en sont de mauvais goût et nullement motivés. La partie au-dessus de la balustrade est encore d'une époque postérieure au reste, ainsi que l'indiquent les pilastres d'un style corrompu, et la petite coupole d'un aspect assez disgrâcieux. Cette tour devait être accompagnée d'une seconde, avec laquelle elle eût formé un portail complet.

Cette église paya aussi son tribut à la révolution, et servit, pendant cette calamiteuse époque, de temple à l'Être-Suprême.

Le cimetière qui l'avoisinait ainsi que le presbytère furent convertis en une place assez vaste.

En quittant l'église Saint-Jacques, pour se rendre au Collége par la rue des Minimes, on remarque au milieu de cette dernière quelques ruines qui appartenaient à l'église du couvent des Minimes, fondé en 1607.

Collége.

La reconnaissance publique a retenu les noms des officiers municipaux fondateurs du Collége, en 1571, MM. Noël Gaultier et Charmolue. Confié, dès son origine, aux jésuites, le Collége ne passe qu'en 1772, sous la direction des religieux de Saint-Maur, qui continuent à l'administrer jusqu'en 1808, époque à laquelle il devint collége communal.

Château.

Les rois se sont transmis leur affection pour Compiègne; mais leur goût pour créer les empêcha parfois de veiller avec la même sollicitude à l'entretien du séjour de leurs prédécesseurs.

Ainsi, Charles-le-Chauve fonde, en 876, l'abbaye de Saint-Corneille sur l'emplacement du

Façade du coté de la Place

Lith par Arnout d'après C. Perrin
Publié par Dubois

palais de Charlemagne; et saint Louis convertit en un couvent de dominicains celui de Charles-le-Chauve, situé sur le terrain du Beau-Regard. (1260).

C'est à cette dernière époque que saint Louis jette, sur l'emplacement du château actuel, les fondations d'un palais qui, sous le nom de *Louvre*, fut successivement agrandi par Charles V, Louis XI, François Ier et Louis XIV.

Peu satisfait de l'ensemble de ces divers travaux, qui portaient le cachet d'époques différentes, Louis XV chargea, en 1755, son architecte, Gabriel, de dresser un nouveau plan général qui fut suivi, et d'après lequel les anciennes constructions disparurent presque entièrement pour faire place au magnifique palais que nous voyons aujourd'hui.

A Louis XV revient donc l'honneur d'avoir fondé le château actuel, et à Louis XVI celui d'avoir réalisé les plans de son prédécesseur, en y apportant d'heureuses modifications qui ont fait de ce palais l'une des plus agréables résidences royales.

Les travaux à peine terminés, la révolution éclate et change la destination de cet édifice.

La Convention y établit un Prytanée, remplacé lui-même par une école des Arts et Métiers, que Napoléon transféra à Châlons, en 1806.

C'est alors que, frappé de l'état de délabrement dans lequel se trouvait le palais, par suite du séjour de l'école, Napoléon le rendit à sa destination première, et le meubla magnifiquement, après l'avoir restauré à grands frais.

Girodet, Redouté et Beauvalet contribuèrent à embellir le château : le premier, par ses admirables peintures ; le second, par la vérité naturelle de ses fleurs ; et le troisième, par ses sculptures pleines de goût et de talent. Quelques tapisseries des Gobelins et de Beauvais y reproduisirent avec bonheur les œuvres des grands maîtres.

L'entrée principale donne sur une jolie place plantée d'allées de tilleuls, et ornée de carrés de gazon. Une colonnade d'ordre dorique de 50 mètres, supportant une galerie à l'italienne qui forme balcon, lie deux pavillons en saillie, accompagnés chacun d'une aile de bâtiment.

Au centre de cette colonnade s'ouvre, sur la cour d'honneur, une grille surmontée d'un fronton demi-circulaire.

Au fond de la cour d'honneur, la porte d'entrée du grand vestibule. Au-dessus de cette porte, un balcon supportant quatre colonnes d'ordre ionique, et un fronton sur lequel se trouve sculptée la chasse de Méléagre, par Beauvalet.

La façade du Palais, donnant sur le jardin, et dont le rez-de-chaussée correspond au premier étage de la façade principale, a 200 mètres de longueur ; quatre colonnes d'ordre ionique, couronnées d'un superbe fronton, divers ornements d'architecture, sculptés au-dessus des fenêtres, lui impriment un caractère de simplicité noble et élégante. Une balustrade à l'italienne règne sur le faîte.

Nous craindrions de fatiguer le lecteur par une

description complète et minutieuse des appartements que renferme le palais ; il trouvera dans les personnes attachées au service du château d'officieux *cicerone* qui se chargeront de ce soin : nous nous contenterons de signaler à son attention la galerie des colonnes, servant de vestibule ; l'escalier d'honneur, remarquable par la richesse et le fini de sa rampe dorée ; la salle du conseil ; la salle des bains, et ses colonnes en stuc ; le salon de réception, et ses tapisseries des Gobelins ; la salle du trône, et ses élégants pilastres corinthiens ; la chambre à coucher du roi ; celle de la reine, où la simplicité des lits contraste avec la somptuosité de l'ameublement ; la bibliothèque, qui conserve des volumes mutilés par les boulets, lors du siége de 1814 ; la galerie de tableaux, qui renferme cinq tables en stuc réprésentant le parc de Versailles, les forêts de Compiègne, de Fontainebleau, de Saint-Germain et de Marly ; la galerie de bal, qui se présente comme la reine des brillants appartements que l'on vient de parcourir, a 45 mètres de longueur sur 13 mètres de largeur, elle est éclairée par vingt-deux croisées, et ses vingt colonnes en stuc forment un coup d'œil vraiment magique ;

enfin, la salle de spectacle, construite en 1832, sur l'emplacement du Jeu de Paume, et dans l'ornement de laquelle les arts ont rivalisé d'élégance et de coquetterie. Le rideau est de Cicéri, les décors sont de M. Dubois.

Les tableaux empruntés à nos annales militaires ont été transportés, en 1835, au Musée historique de Versailles.

Jardin.

Le premier jardin du Château est dû à Catherine de Médicis, qui l'établit sur une partie des anciennes fortifications de la ville. Sans doute il n'eut qu'une faible part aux embellissements successifs des bâtiments; car, sous Louis XVI, il n'était composé que d'étroits quinconces de tilleuls et de rares charmilles, au milieu desquelles s'enclavaient des terres labourables.

Après la translation de l'école des arts et métiers, à Châlons, en 1806, Napoléon voulut créer un parc dont la beauté fût en harmonie avec le palais qu'il venait de restaurer. Par ses ordres, et sur les dessins de M. Bertaud, architecte, on vit le terrain aride se couvrir de terre végétale, et aux lignes droites et compassées des charmilles, succéder les allées capricieuses et le paysage accidenté du jardin anglais.

Devant la façade du Château s'étend une longue terrasse, ornée, dans la belle saison, d'orangers et d'arbustes rares, et séparée du jardin par une balustrade sur laquelle on a placé, à gauche : Argus endormi au son de la flûte de Mercure, statue de marbre, par Debay : un peu plus loin, l'enlèvement d'Europe, groupe antique, en marbre ; à droite, l'Amour captivant la Force, groupe en marbre, par Tiolier ; puis Mercure prenant son épée pour trancher la tête d'Argus, statue en marbre, par Debay.

A chaque extrémité de la terrasse se trouvent des quinconces de tilleuls. Du côté du nord, l'œil découvre une vaste plaine arrosée par l'Oise et par l'Aisne, qui y réunissent leurs cours ; Clairoix, assis au pied du mont Gannelon, où fut un camp de César; Choisy et son église, sépulture de plusieurs rois de la première race; enfin les forêts de Laigue et de Compiègne qui se perdent à l'horizon.

Vis-à-vis le milieu de la façade se déroule une pelouse de 50 mètres de largeur, à la tête de laquelle sont deux statues : la Vénus du Capitole, en marbre, par Chinard; une femme drapée. Si l'étranger regrette que les eaux ne viennent pas en animer la verdure, il ne peut refuser son admiration à ces massifs d'arbres indigènes et exotiques, qui l'encadrent d'une manière si gracieuse; à cette longue avenue que fit percer Napoléon, et qui, partant de la grille de clôture, va rejoindre les Beaux-Monts, dont le pittoresque amphithéâtre couronne la perspective.

A droite et à gauche de la terrasse, deux escaliers descendent dans les jardins, et conduisent à travers les massifs dont nous venons de parler. Dans ces massifs on rencontre plusieurs statues : à droite, un Faune en bronze par Keller; Philoctète en proie à ses douleurs, par Spercieux; un

Messager, en bronze, par Keller; à gauche, Philoctète dans l'île de Lemnos, en marbre, par Dupaty; le Mercure de Florence, en bronze, par Keller; l'Hymen, en marbre de Carare, par Spalla; un Satyre dérobant des figues à une Nymphe endormie, groupe en marbre, par Lemoine, et deux statues égyptiennes.

Au milieu des massifs, on distingue des quinconces parallèles de tilleuls, dont l'extrémité est ornée de deux jolis pavillons aux colonnes d'ordre toscan.

Au pied de l'escalier de gauche, commence un magnifique berceau en bois et fer, monument de la galanterie de Napoléon pour Marie-Louise; construit en 1810, sur le modèle de celui de Schœnbrunn, il se développe dans une longueur de 2,000 mètres environ, jusqu'à l'entrée de la forêt.

Avenues. — Grand Parc.

Trois belles avenues, plantées sous Louis XV,

partent de l'esplanade qui suit la place du Château. Celle du milieu, traversant un vaste rond-point, appelé Rond-Royal, aboutit en ligne directe à la forêt.

L'espace compris entre ces avenues et la route de Soissons est occupé par le *Grand-Parc*, dont la création est due à Napoléon, et qui sert de réserve pour le gibier. On ne visite ce dernier qu'en s'adressant à MM. les gardiens du parc.

Forêt.

e pays compris entre le Laonnais et le Parisis était autrefois couvert d'immenses forêts, ce qui lui fit donner par les Romains le nom de *Sylvacum*.

Les Lètes germains, qui vinrent ensuite, commencèrent à en défrîcher une partie qu'ils destinèrent à l'agriculture, et divisèrent le reste de ces bois en deux portions distinctes, dont l'une reçut le nom de forêt de Brie, et l'autre celui de forêt de Cuise, à cause de l'ancienne maison royale de Cuise, située sur l'emplacement actuel de Saint-Jean-aux-Bois.

La forêt de Cuise fit toujours partie du domaine royal, et ne prit définitivement le nom de *Forêt de Compiègne* que sous Louis XIV. Elle fut longtemps administrée par des juges souverains, des lieutenants et des conservateurs.

Son personnel se compose aujourd'hui d'un inspecteur, d'un sous-inspecteur, de deux gardes généraux, de sept gardes à cheval, de neuf gardes chefs et de vingt-six gardes particuliers.

Avant François Ier, elle n'était traversée que par les chemins de Paris et de Soissons; par celui des Plaideurs, ainsi nommé parce qu'il conduisait de La Croix-Saint-Ouen à Pierrefonds, siége de la justice seigneuriale; par la Chaussée-Brunehaut, ancienne voie romaine qui existe encore; et enfin par quelques sentiers étroits.

François Ier fit percer les huit grandes routes du Puits-du-Roi ; Louis XIV y ajouta le grand octogone et 54 routes de chasse. Louis XV en fit percer 241, et Louis XVI en ouvrit encore quelques autres.

On doit à Napoléon la majestueuse allée des Beaux-Monts qui fait face au château ; et à Charles X la route de la Faisanderie qui ne date que de 1826 ; enfin, les routes de Crépy et de Pierrefonds, qui étaient presque impraticables avant 1832, furent élargies et macadamisées à cette dernière époque.

Grâce à ces nombreuses améliorations, la forêt de Compiègne est aujourd'hui une des mieux percées et des mieux entretenues de la France.

Elle renferme 278 carrefours, munis de poteaux indicatifs ; 355 routes et 66 chemins la traversent dans tous les sens.

Elle est arrosée par un grand nombre de rûs,

et on y compte 286 ponts et ponceaux, dix étangs, seize mares et quinze fontaines.

Parmi les villages et hameaux qui y sont enclavés, nous citerons Saint-Jean-aux-Bois, Vieux-Moulin, la Brevière, Saint-Nicolas-de-Courson, etc.; et parmi les habitations de gardes, qui sont au nombre de 17, nous indiquerons la Faisanderie, Sainte-Périne, la Muette, le Vivier-Corax, etc.

Cette forêt contient 14,859 hectares (30,000 arpents); les plus vieilles futaies ont de 200 à 250 ans; les plus belles en chêne sont celles des Beaux-Monts; en hêtre, celles de la Fortelle.

Elle se divise en 1,682 massifs; le fonds et la superficie sont estimés quarante-cinq millions; son produit annuel est de un million, ses dépenses de deux cent mille francs. On y exploite annuellement 120,000 stères de tout bois. Ce produit annuel n'est porté à ce taux que depuis l'introduction du système des éclaircies, appliqué depuis quelques années seulement aux exploitations de cette forêt, système qui, en augmentant immédiatement le revenu d'un tiers, offre encore l'avantage d'élever de magnifiques futaies pour l'avenir, de repeupler naturellement le sol, et de permettre dans un temps donné d'ajouter encore au produit, de manière à le porter au double de ce qu'il était il y a cinquante ans.

Le sol de la forêt est généralement très varié et fertile, principalement sur les montagnes, vers le sud et dans les parties basses qui les avoisinent; mais à mesure que l'on s'en éloigne, cette fertilité diminue, et le sol devient alternativement sableux, calcaire, argileux : ce n'est que la dépouille des arbres qui a procuré à la superficie la couche végétale dont elle se nourrit; quelques parties de cran pur ont refusé la culture des bois durs.

Dans les fonds, le hêtre croit avec vigueur; le chêne, dans les parties basses les plus fertiles; le charme, l'orme, l'aune, le frêne, s'y plaisent également : le pin sylvestre pousse dans les sables, et, depuis quelques années, on a planté sur la crête des montagnes des mélèzes et des sapins, dont la teinte sombre rappelle les forêts du Nord.

Nous allons indiquer les endroits de la forêt les plus fréquentés des promeneurs, à cause de leurs beautés naturelles et de leur position pittoresque. Les personnes qui désirent ne faire qu'une simple visite à l'un des lieux indiqués, trouveront les noms des carrefours que l'on traverse pour y arriver : tous ont leur point de départ du carrefour Royal. Mais cette nomenclature serait insuffisante pour celles qui voudraient étendre leurs excursions. Nous recommanderons à ces dernières le *Nouveau Plan de la Forêt de Compiègne*, qui se trouve à la même librairie : à l'aide de ce cicerone, il n'y aura plus de routes ignorées dans ce délicieux labyrinthe, et les promeneurs pourront, quand bon leur semblera, venir réclamer à leur hôtel le dîner pour lequel ils auront fait bonne provision d'appétit.

La Faisanderie.

Bâtie sous Louis XV, cette habitation fut restaurée par Napoléon. Charles X la fit agrandir, et y fit de nouvelles distributions : ainsi que son nom l'indique, elle sert à élever des faisans qu'on lâche ensuite dans les tirés de la forêt.

La Muette.

Une ordonnance de Louis XIV, datée de Saint-Germain-en-Laye, en prescrit la construction en 1641, pour y loger le capitaine des chasses ; c'est aujourd'hui une résidence de garde.

Route.

Le carrefour Royal ; — les carrefours de Pierrefonds ; — de la Forte-Haie ; — de Normandie ; — des Mares-Saint-Louis ; — d'Humières ; — du Mont-Grésin.

Saint-Corneille et Vieux-Moulin.

Ancien prieuré qui existait au xii° siècle, Saint-Corneille fut réuni à l'abbaye royale de ce nom sous Louis XII. C'est aujourd'hui, pour les habitants de Compiègne, un but de promenade et de réunions joyeuses. On y trouve d'excellent gibier.

Le village de Vieux-Moulin est situé dans une vallée pittoresque, au pied du mont Saint-Marc.

Route.

Le carrefour Royal; — les carrefours Gabriel; — Victoire; — Adélaïde; — des Jeux; — du Gouverneur; — des Sept-Morts.

Saint-Pierre.

Saint-Pierre, situé sur le sommet de la montagne de ce nom, fut un des premiers lieux habités du Valois. La beauté du site, le secours de plusieurs sources d'eau vive, et la position avantageuse de ce mont qui dominait tout le pays, déterminèrent les Romains à y bâtir trois châteaux-forts, d'où lui vient le nom de Saint-Pierre-en-Chastres.

Après la conquête de Clovis, ces châteaux

tombèrent au pouvoir des Francs. Charles-le-Chauve en transmit la propriété aux Bénédictins de Saint-Crépin-le-Grand, de Soissons, et ces derniers ne les cédèrent qu'en 1308 à Philippe-le-Bel, qui leur donna en échange des bois et un monastère occupé déjà par des moines de leur ordre.

Ce prince fit alors de Saint-Pierre un monastère de Célestins, auquel il accorda de nombreux priviléges.

Louis Ier d'Orléans, duc de Valois, fut, en 1403, le fondateur de la chapelle dont on voit encore quelques ruines.

Saint-Pierre fait aujourd'hui partie du domaine de la couronne.

Route.

Le carrefour Royal ; — les carrefours Gabriel ; — Victoire ; — Adélaïde ; — des Jeux ; — du Gouverneur ; — du Saut-du-Cerf ; d'Aurore ; — d'Antin ; — du Fossé-Coulant.

Saint-Jean-aux-Bois et Saint-Nicolas-de-Courson.

C'est sur l'emplacement actuel de Saint-Jean-aux-Bois que s'élevait autrefois l'ancienne maison royale de Cuise, souvent visitée par les rois des deux premières races, et qui donna longtemps son nom à notre forêt.

Philippe Ier, ayant assisté en 1060 à la dédicace de Saint-Adrien-de-Béthisy, abandonna aux chanoines de cette collégiale la maison de Cuise et ses dépendances, que ces derniers conservèrent jusqu'en 1110, époque à laquelle ils en firent la cession, par suite d'un échange, à la reine Adélaïde, veuve de Louis-le-Gros.

Cette pieuse princesse transforma alors la maison de Cuise en un monastère de filles, et fit commencer l'église actuelle, qui fut achevée par Louis VII, son fils, et placée sous l'invocation de saint Jean-Baptiste.

En 1634, les religieuses de Saint-Jean furent transférées à l'abbaye de Royal-Lieu, près Compiègne, et remplacées par les moines de cette dernière abbaye.

Peu de temps après, quelques détachements de l'armée de Turenne dévastèrent le monastère de Saint-Jean, et détruisirent ce qui restait de l'ancien palais de Cuise.

Ce monastère fut définitivement supprimé en 1670.

L'église d'Adélaïde est remarquable par ses élégants piliers et la légèreté de son architecture.

Saint-Nicolas-de-Courson était un des plus anciens prieurés du Valois; il est situé près de la chaussée Brunehaut, entre Saint-Pierre et Morienval. Son église date du XIIe siècle.

Détruit plusieurs fois par les Normands, ce prieuré fut réuni à l'abbaye de Marmoutiers en 1632.

Transformés en habitation, les bâtiments de Saint-Nicolas-de-Courson et l'église, acquis par la couronne en 1817, servent aujourd'hui de résidence à trois gardes forestiers.

Route.

Le carrefour Royal;—les carrefours : de Pierrefonds; — de la Forte-Haie ;— des Faisans ; — du Puits-des-Chasseurs ;—du Cheval-Noir ;—de Beauval ; — de la Ruine ; — de Saint-Jean ; — Boquet-Colin;— de la Lice.

La Brevière. — Sainte-Périne.

La Brevière était une annexe de la maison royale de Cuise. Après la cession de ce dernier palais aux chanoines réguliers de Béthisy, les rois séjournaient au château de la Brevière. Plusieurs de leurs ordonnances en sont datées. C'est aujourd'hui un hameau pittoresque auprès du chemin de Crépy.

Sainte-Périne, également annexe de la maison

royale de Cuise, devint un monastère de filles, qui fut, en 1240, transféré à Saint-Germain-lez-Compiègne.

En 1335, les religieuses y furent rétablies.

Sous Louis XIII, elles revinrent encore une fois à Compiègne, et leur maison de Sainte-Périne fut convertie en maison de plaisance. C'est aujourd'hui une dépendance de la liste-civile, et le séjour d'un garde général.

Route.

Le carrefour Royal; — les carrefours : du Blaireau;—du Lièvre; — des Clavières; — de la Barrière ; —des Amoureux ;—de l'Oiseau; — d'Apollon; — de Crépy; — de l'Etang-de-Saint-Jean; — de Vaudrampont.

Le Puits-du-Roi. — La Michelette.

Ces deux carrefours, que l'on compte parmi les plus beaux de la forêt, attirent de nombreux visiteurs; le premier, par la majesté des massifs qui ornent l'entrée de ses huit grandes routes; le second, par le genre gracieux de son enceinte garnie de haies et de peupliers, et surtout par sa table de gazon, près de laquelle plus d'un appétit blasé se réveille devant un déjeûner de voyage.

Route.

Le carrefour Royal; — les carrefours : des Bordages; — de la Petite-Patte-d'Oie; — du Vol; — du Puits-du-Roi; — du Relancé; — du Dragon : — d'Hébé; — de la Michelette.

Ruines du Château — PIERREFONDS.

Pierrefonds.[1]

La plupart des monuments s'annoncent de loin au regard du voyageur; il n'en est pas de même à Pierrefonds, du moins en arrivant de Compiègne. Ce n'est qu'après avoir traversé la forêt dans une largeur de 12 kilom., jusqu'à son

---

[1] *Petrafons*.

extrémité orientale, qu'on voit avec admiration se dresser, sur une roche escarpée, les ruines giganesques du second château de Pierrefonds, autrefois siége d'une des châtellenies du Valois.

Nous avons dit avec intention le second château; car le premier était bâti sur l'emplacement actuel de la ferme dite du Rocher.

Il paraît certain que celui-ci existait déjà au commencement du xie siècle, avant la naissance de Nivelon Ier, que l'on peut regarder comme la souche de la première maison des seigneurs de Pierrefonds. La vie de Nivelon Ier est peu connue. Parmi ses successeurs, on compte Nivelon II, son fils, qui va mourir dans la Terre-Sainte, en 1102; Drogon Ier, son petit-fils, qui, loin de partager l'enthousiasme de l'époque pour les croisades, passe sa vie à embellir son château, et dont l'autorité s'étendait, au nord, jusqu'à l'abbaye de Saint-Jean-des-Vignes de Soissons, et au midi, jusqu'aux premières maisons du Bourget, près de Paris; enfin, Agathe de Pierrefonds, fille de Drogon II. En elle s'éteignit la première maison de Pierrefonds, vers 1185. Philippe-Auguste acheta successivement des héritiers d'Agathe, leurs droits sur cette châtellenie.

La pairie de Pierrefonds était une des plus vieilles du royaume. Ses titulaires rendaient la justice de la manière la plus solennelle, assistés des douze anciens pairs nobles de la châtellenie ; les juges des mairies et de toutes les paroisses soumises à sa juridiction, étaient tenus de paraître à ces assises. Mais une fois tombée dans le domaine royal, la seigneurie de Pierrefonds voit s'éteindre un à un ses priviléges, et ne reprend quelque splendeur que sous Louis d'Orléans, comte de Valois, frère de Charles VI.

Louis d'Orléans abandonne l'ancien château, alors presque en ruines, aux religieux de Saint-Sulpice, qui en occupaient déjà une partie, et qui convertissent le reste en ferme (1390).

A l'orient, et à quelque distance de ce premier édifice, il jette les fondements du second château, chef-d'œuvre d'architecture, et l'une des merveilles du moyen-âge. « C'était, dit Monstrelet, un château moult bel, puissamment édifié, et fort défensable. » Il avait quatre faces, sans former néanmoins un carré régulier. Les sept tours étaient élevées de 35 mètres; et pour donner aux murs une solidité indestructible, les architectes avaient imaginé de lier ensemble les pierres des angles par des crampons en fer, scellés avec du plomb. La surface occupait un terrain de 3,400 mètres. Comme la forteresse n'était pas assise entièrement sur le roc, on avait pratiqué dans les vides des galeries souterraines et des cachots, accompagnement obligé des demeures féodales.

Rival du duc de Bourgogne, et son compétiteur à la régence du royaume pendant la démence de Charles VI, il fallait à Louis d'Orléans, dans le château de Pierrefonds, un capitaine d'une bravoure signalée et d'une fidélité à toute épreuve. Il le trouve dans Nicolas Bosquiaux, qu'il investit de ce titre en 1393. A peine ce dernier est-il en possession de ce commandement, que son protecteur est assassiné à Paris par les émissaires du duc de Bourgogne. Chargé de compléter la vindicte du meurtrier par la spoliation des fils de la victime, Valeran, comte de Saint-Pol, ravage le Valois, et vient se présenter devant le château de Pierrefonds, avec des forces imposantes. Bosquiaux, malgré l'abondance des approvisionnements et la force de la garnison, capitule; mais à des conditions avantageuses. Sans doute, Charles d'Orléans (1) ne voulait pas exposer cette magnifique forteresse aux ravages d'un siége, sûr qu'il était d'y rentrer, lorsqu'il aurait recouvré les bonnes grâces du roi, son oncle.

Quelques années plus tard, l'événement justifie ses prévisions. Sommé, au nom de Charles VI, le comte de Saint-Pol est contraint de rendre le château; mais il se promet de tirer de cette disgrâce une vengeance éclatante. Par son ordre, les provisions de bois sont distribuées en différents endroits de la forteresse; l'incendie s'allume, et en peu d'heures la plus grande partie des toits est en-

(1) Louis 1er d'Orléans avait laissé trois fils: Charles, Philippe et Jean. Charles, qui était l'aîné, hérita de l'Orléannais et du Valois.

dommagée, le couronnement de plusieurs tours calciné, la tour de la chapelle presque détruite, et Valeran vient remettre au commissaire du roi les clefs du château dévasté (décembre 1413). Heureusement l'épaisseur des murs avait préservé l'intérieur des appartements : le duc d'Orléans se contente de réparer une partie du désastre.

En 1417, Bosquiaux redevient gouverneur. Un hardi coup de main lui livre Compiègne, alors occupé par Hector de Chevreuse, au nom de Jean de Luxembourg. La fortune a des retours cruels : à la suite du rude hiver de 1420, les Anglais, profitant de la détresse du château de Pierrefonds, dépourvu alors de vivres et de munitions, se présentent devant ses murs, et forcent Bosquiaux d'ouvrir ses portes.

Deux ans après, le vieux guerrier est décapité à Paris, en cette même année 1422, qui ouvre la tombe d'Henri d'Angleterre et de Charles VI.

L'histoire du château de Pierrefonds n'offre plus rien de remarquable jusqu'au règne de

François Ier. Ce prince en fait lever le plan pour décorer la galerie des Cerfs, au palais de Fontainebleau.

Lors de l'assassinat de Henri III, en 1589, le château de Pierrefonds était occupé, au nom de la Ligue, par le petit-fils d'un maréchal-ferrant, le célèbre Rieux. A la tête d'une petite armée de bandits et de scélérats échappés au supplice, ce pillard intrépide désolait la contrée par ses brigandages. En mars 1591, Henri IV envoie devant Pierrefonds le duc d'Epernon, qui presse le siége avec beaucoup d'activité. Plusieurs batteries du plus gros calibre foudroyaient les remparts; mais, voyant que ses pièces portaient à peine sur la plateforme, et que Rieux les laissait tonner sans s'émouvoir, d'Epernon s'engage dans le vallon situé entre la hauteur et la plaine, et lance de là ses boulets dont huit ou dix seulement parviennent jusqu'aux tours. Alors, Rieux se réveille : son artillerie démonte les batteries du duc, et le force à regagner la plaine. Plusieurs fois repoussé, d'Epernon tente une dernière attaque; il y paie de sa personne ; mais il n'en rapporte qu'un coup de feu au menton, et se décide à lever le siége.

Ce succès accroît la forfanterie de Rieux. Entre autres expéditions, il ose secourir Noyon, assiégé par Henri IV en personne. On pense que le roi refusa de le comprendre dans la capitulation de la ville, et qu'il s'évada par-dessus les murailles (août 1591).

En effet, vers la fin de ce mois, il était de retour à Pierrefonds, lorsque Henri IV, indigné de paraître céder à un brigand, y envoie le maréchal de Biron, avec un train de grosse artillerie. Biron ouvre le siége par une canonnade terrible; mais dans les huit cents coups qu'il fait tirer, cinq boulets seulement portent jusqu'aux tours ; le reste, suivant l'expression d'un auteur contemporain, ne fait que blanchir les murailles ; à peine les batteries royales avaient-elles fait une décharge, que le feu soutenu de la forteresse les mettait hors de service. Au lieu d'avancer, le maréchal ayant perdu beaucoup de monde, se retire au commencement de septembre.

Alors l'insolence et la férocité de Rieux ne connaissent plus de bornes : il pille les voitures publiques, dépouille les voyageurs, rançonne les paysans qui, saisis de terreur, s'enfuient, abandonnant leurs terres. Quinze mois après la retraite du maréchal de Biron, c'est-à-dire en janvier 1593, Rieux, suivi de 500 hommes d'élite, tente d'enlever, dans la forêt, Henri IV qui venait à Compiègne visiter mystérieusement Gabrielle d'Estrées. Mais le hasard veut qu'un paysan, cheminant à travers bois, aperçoive la cavalerie embusquée ; il en donne avis au roi, qui se retire de nuit à Senlis.

Cependant cette carrière de crime touche à son terme. Rieux, dont la présomption est à son comble, s'expose souvent sans précaution ; le gouverneur de Compiègne en profite pour s'emparer de lui dans une de ses excursions. Des commissaires nommés par le roi instruisent promptement son procès. Il est condamné à mort, et pendu devant l'Hôtel-de-Ville de Compiègne, vers la fin de l'été 1593.

A la nouvelle de sa mort, Saint-Chamant, dont Rieux était le lieutenant, quitte le château de la Ferté-Milon, et vient prendre le commandement de celui de Pierrefonds. Henri IV en fait faire une troisième fois le siége par François des Ursins. Après plusieurs attaques infructueuses, et désespérant d'emporter la place de vive force, ce dernier a recours aux voies de conciliation : Saint-Chamant obtient une capitulation honorable, qui est approuvée par Henri IV, alors au camp de Laon, et ratifiée par une nouvelle déclaration du 3 août 1594. Quant à la forteresse, grâce à l'admiration du roi pour son architecture, et à la reconnaissance de ce prince pour les services de François des Ursins, qu'il en avait nommé capitaine, elle échappe à la destruction.

Au loyal des Ursins succède le marquis de Cœuvres, vicomte titulaire de Pierrefonds. Son lieutenant Villeneuve en vient bientôt à marcher sur les traces de Rieux, et à porter le pillage et la désolation dans une partie de l'Ile de France. Enfin, en 1616, Louis XIII, ou plutôt son conseil, veut frapper un coup décisif. Charles de Valois, comte d'Auvergne, rassemble, sous Crépy, une armée de 14,000 hommes d'infanterie, et de 3,000 de cavalerie, à laquelle viennent se joindre dix compagnies de gardes-françaises, en même temps que dix grosses pièces d'artillerie et vingt autres pièces descendent par la Seine et l'Oise au port de Verberie. C'est avec ces forces imposantes que le comte d'Auvergne se présente devant le château de Pierrefonds. La place était imprenable du côté des remparts; il l'attaque par la langue de terre qui confine à la plaine du chêne Herbelot. Pendant que Villeneuve prodigue ses munitions en fanfaronnades ridicules, Charles de Valois fait dresser une batterie de ses plus fortes pièces, dans une espèce d'angle formé par un chemin conduisant à l'entrée du château, et par l'extrémité d'une chaîne de montagnes qui aboutit au côté droit de ce chemin; il emporte quelques ouvrages avancés, et parvient à placer une seconde batterie. Toutes deux, jouant sans relâche, battent en brèche la magnifique terrasse sur laquelle porte le grand donjon, et une des grosses tours latérales qui défendaient la porte d'entrée du Château. Villeneuve, comptant sur la force des murs, qui avaient 5 à 6 mètres d'épaisseur, reste frappé d'épouvante, lorsque la moitié de cette tour s'écroule avec un fracas effroyable. Il demande à capituler le sixième jour du siége. Charles de Valois, plein d'estime pour sa belle défense, lui offre des conditions moins sévères que celles qu'il aurait pu exiger, et lui laisse la liberté de se retirer avec sa garnison où bon lui semblerait.

Le cardinal de Richelieu, ce grand démolisseur de châteaux forts, ne voulut pas laisser subsister, au sein d'un pays civilisé, un refuge toujours ouvert au brigandage et à la rébellion; il ordonna que les ouvrages extérieurs du château de Pierrefonds fussent détruits, les toitures enlevées, et qu'on pratiquât de profondes entailles dans les tours et dans les murs.

En 1798, ces ruines furent vendues, comme propriété nationale, pour la somme de huit mille francs. En 1812, Napoléon les racheta moyennant cinq mille francs. Depuis cette époque elles appartiennent à la couronne. L'administration de la liste civile a fait exécuter, il y a quelques années, des travaux qui en ont rendu l'accès plus facile; elle a embelli les abords, ainsi que l'intérieur, de plantations de pins et de mélèzes. En 1832, le roi actuel est venu les saluer comme le domaine de ses ancêtres : c'est à cette occasion que fut construit, dans la tour principale, l'escalier et le belvédère qu'on y voit aujourd'hui.

On ne peut quitter Pierrefonds sans visiter la gracieuse propriété des cascades, non plus que l'église, bâtie par Nivelon 1er, sur l'emplacement d'une chapelle de Saint-Sulpice, et où ce seigneur avait établi un chapitre de chanoines, dont le doyenné donnait le titre de *pair de fief et de noblesse*. Les religieux de Saint-Sulpice l'agrandirent pendant les premières années du XIIIe siècle. La tour de l'église ne date que du règne de François 1er.

Diverses routes conduisent à Pierrefonds; mais l'ancien chemin vicinal, nouvellement restauré par les soins de l'administration départementale, ouvre une voie plus directe et plus facile, qui contribuera de jour en jour à rendre Pierrefonds le pélerinage favori des étrangers.

FIN

TABLE.

COMPIÈGNE.	5
Hommes célèbres.	26
MONUMENTS.	28
Saint-Germain.	29
Notre-Dame-de-Bon-Secours.	30
Hospice des Indigents.	30

Anciennes Fortifications et Portes.	31
Église Saint-Antoine.	33
Abbaye de Saint-Corneille.	36
Tour des Jacobins.	38
Hôtel-Dieu.	38
Pont-Neuf.	39
Salle de Spectacle.	41
Hôtel-de-Ville.	41
Musée Vivenel.	43
Église Saint-Jacques.	44
Collége.	49
CHATEAU.	50
Jardin.	55
Avenues.—Grand-Parc.	58
FORÊT.	60
La Faisanderie. — *Route à parcourir.*	65
La Muette. — *Route.*	66
Saint-Corneille. — *Route.*	66
Vieux-Moulin. — *Route.*	66
Saint-Pierre. — *Route.*	67

Saint-Jean-aux-Bois. — Saint-Nicolas-de-Courson. — *Route*. 69

La Brevière. — Sainte-Périne. — *Route*. 71

Le Puits-du-Roi. — La Michelette. — *Route*. 72

PIERREFONDS. 75

LIBRAIRIE DE DUBOIS,

Place de l'Hôtel-de-Ville, 18, à Compiègne.

ABRÉGÉ de la Géographie universelle ; par *Malte-Brun*. Un beau volume grand in-8, orné de 38 vues et cartes.

ARCHIVES historiques et ecclésiastiques de la Picardie et de l'Artois ; par *P. Roger*, secrétaire particulier de M. le préfet de la Somme. Deux beaux volumes in-8, illustrés.

DICTIONNAIRE général des Dictionnaires français ; par *Napoléon Landais*. Deux volumes grand in-4.

DICTIONNAIRE des villes et des communes de France ; grand in-8.

FABLES de la Fontaine. Trois beaux volumes grand in-8, illustrés par *J.-J. Grandville*.

GUIDE des administrateurs et des administrés ; par *E.-H. Dubois*, chef de division à la préfecture de la Loire ; in-8.

GUIDE pittoresque et portatif du voyageur en France, contenant l'indication des postes et la description des villes, bourgs, villages, châteaux, etc. Un beau volume in-12, orné d'une belle carte routière et de 30 gravures en taille-douce.

HISTOIRE politique, morale et religieuse de Beauvais ; par M. E. *de la Fontaine*. Trois volumes in-8, ornés de 6 lithographies et d'un plan général de la ville en 1574.

HISTOIRE de Chantilly; par M. l'abbé *Fauquemprez*. Un volume in-8

HISTOIRE de Soissons; par *Henry Martin* et *Paul - L. Jacob* (bibliophile). Deux volumes in-8.

LEÇONS élémentaires de botanique; par *Emm. Le Maout*, docteur en médecine, ex-démonstrateur de botanique à la Faculté de médecine de Paris. Deux volumes in-8, avec un atlas de 50 plantes vulgaires.

LIVRE des postes (Nouveau), contenant la désignation des relais de postes du royaume et ceux placés sur les routes étrangères à partir des frontières de France, et un tableau du service des paquebots de la Méditerranée.

MÉMORIAL de Sainte-Hélène; par le comte de *Las-Cases*. Deux beaux volumes grand in-8, illustrés par *Charlet*.

NAPOLÉON en Égypte, Waterloo et le Fils de l'Homme, poème; par *Barthélemy* et *Méry*, précédé d'une notice littéraire, par *Tissot*. Beau volume grand in-8, illustré par *Horace Vernet* et *H. Bellangé*;

PRINCIPES DE GEOLOGIE, ou Illustrations de cette science, empruntées aux changements modernes que la terre et ses habitants ont subis; par *Charles Lyell*, Esq., membre de la Société royale de Londres, ouvrage traduit de l'anglais, sur la sixième édition, sous les auspices de M. *Arago* et Mme *Thullia Meulien*. Un fort volume in-12, cartonné en toile anglaise, orné de vignettes et cartes.

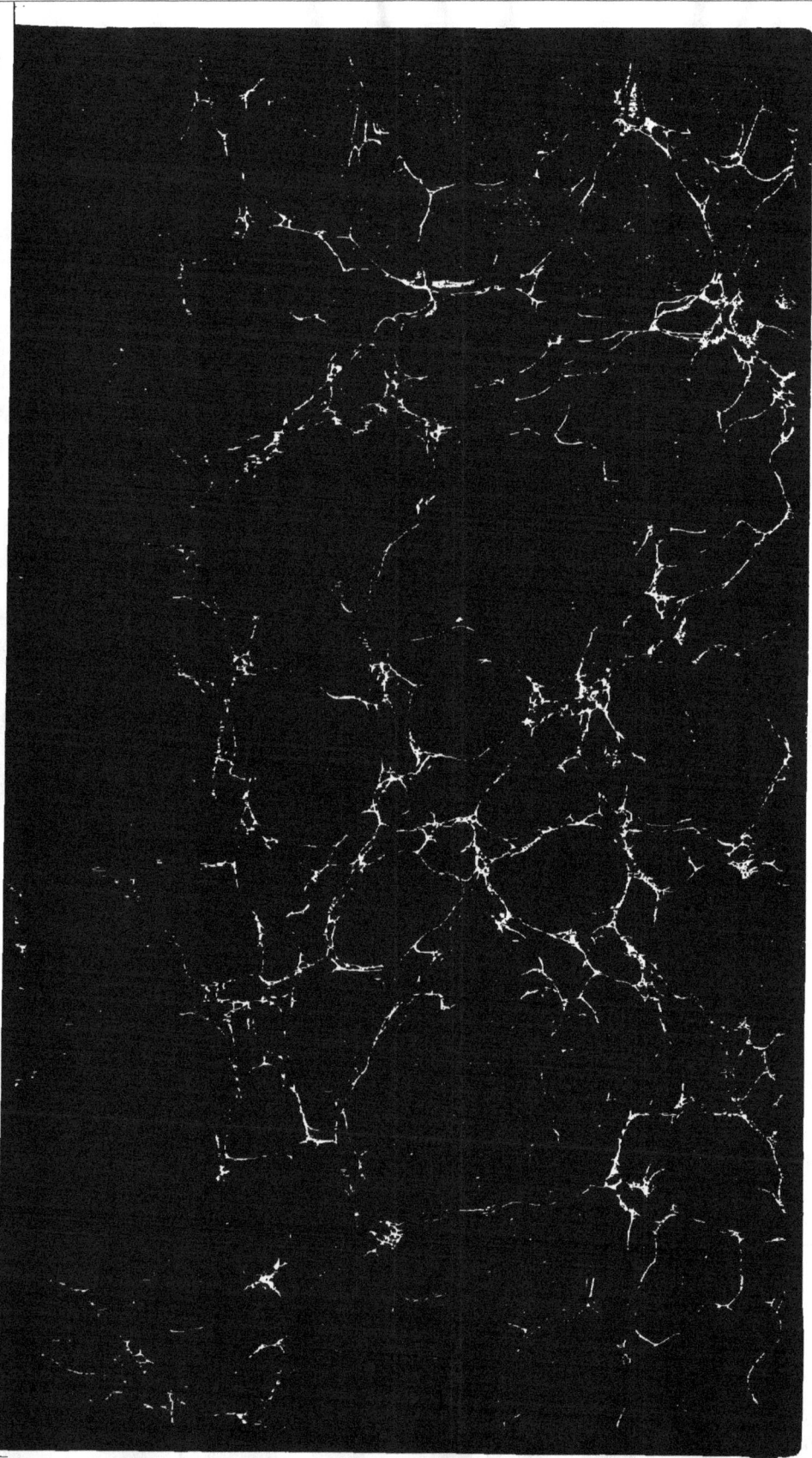

www.ingramcontent.com/pod-product-compliance
Lightning Source LLC
Chambersburg PA
CBHW070239100426
42743CB00011B/2090